n 19345.

PARALLÈLE
entre
TALMA ET LEKAIN.

CHEZ TOUS LES MARCHANDS DE NOUVEAUTÉS.

IMPRIMERIE DE HUZARD-COURCIER,
rue du Jardinet, n° 12.

PARALLÈLE

ENTRE

Talma et Lekain.

ESQUISSE.

SUIVI DE

QUELQUES RÉFLEXIONS

SUR

L'ART DRAMATIQUE.

PAR M. FIRMIN AINÉ.

PARIS,
HAUT-COEUR, LIBRAIRE-ÉDITEUR,
RUE SAINT-ANDRÉ-DES-ARCS, N° 33.
PONTHIEU ET DELAUNAY, LIBRAIRES,
PALAIS-ROYAL, GALERIES DE BOIS.

1826

En France, l'à-propos tient presque lieu de tout; on est à l'affût des moindres circonstances : celui qui paraît le premier est toujours celui qui fait le mieux ses affaires, surtout lorsqu'il a un nom avantageusement connu dans la littérature. Souvent même, à l'appui de ce nom, on broche sur le tout, on prend une partie dans les journaux, *qui sont d'une grande ressource pour ces sortes d'ouvrages*, une autre dans des mémoires, enfin le reste dans la Biographie; et le public est tout étonné, quelques jours après, de voir paraître sur tel ou tel individu, une brochure de cent et quelques pages.

La mienne n'est pas volumineuse, et cependant, avec ce qu'elle renferme, j'aurais pu faire un ouvrage de trois à quatre cents pages. En aurais-je mieux atteint le but que je m'étais proposé ? Non, parce que mes observations sur l'art dramatique demandaient à être claires, précises, dégagées de toutes ces amplifications, ces définitions oiseuses qui nuisent toujours à la clarté et à la justesse des idées, pour arriver à persuader. Ai-je réussi? C'est au lecteur à décider cette question?

En traçant quelques réflexions sur l'art dramatique, et l'esquisse du parallèle entre Talma et Lekain, je n'ai pas eu la prétention de me ranger dans la classe des littérateurs distingués qui journellement charment les loisirs de leurs lecteurs par d'agréables et savantes productions; je n'ai eu d'autre ambition que celle de jeter quelques fleurs sur la tombe d'un homme si justement regretté!... et dont le nom ne périra jamais!!

La brochure que je soumets au public était terminée le 29 octobre. Comme je suis loin de la regarder comme un ouvrage de circonstance, avant de la livrer à l'impression, j'ai voulu prendre connaissance des diverses notices qui étaient annoncées et qui ont paru depuis. Je reconnus bientôt que j'avais suivi une autre route. Dès lors je n'hésitai plus à donner au public le résultat des observations sur l'art dramatique que j'ai été à même de faire en suivant cette carrière.

PARALLÈLE

ENTRE

TALMA ET LEKAIN.

« Le dernier jour de notre vie est celui qui l'explique tout entière ; ce jour assigne le rang que nous avons mérité de tenir dans la mémoire des hommes. »

A peine la terre a-t-elle reçu la dépouille mortelle de notre illustre tragédien, qu'un parti s'efforce, malgré l'hommage qu'il est contraint de lui rendre, de dénigrer son talent admirable. Si quelques-uns lui accordent quelque mérite, remarquez bien que ce n'est qu'une espèce de ruse, une manière adroite de l'offrir en sacrifice à Lekain, dont ils veulent, à tout prix, établir la supériorité sur notre moderne Roscius.

Sans consulter le temps, les époques où ces deux hommes célèbres ont vécu, sans établir avec impartialité la part de chacun, ils cher-

chent à reproduire les mille et une absurdités publiées par des *Aristarques* de mauvaise foi (1). Mais cette façon de juger les hommes et les arts est-elle bien en harmonie avec les principes d'une saine critique? et ne serait-ce pas ici le cas de dire avec Montesquieu (2) : « qu'une pareille manière de critiquer pro-
» duit deux grands inconvéniens : le premier,
» c'est qu'elle gâte l'esprit des lecteurs par un

---

(1) On est singulièrement dans l'erreur si l'on juge Talma sur ce qu'en disait l'abbé Geoffroy. Ce critique avait trop d'esprit et de goût pour penser tout ce qu'il écrivait au sujet de notre tragédien ; aussi l'homme aux feuilletons n'était-il plus le même dans une conversation particulière. Je l'ai entendu faire en petit comité le plus grand éloge de son talent; aussi donnait-il à ceux qui lui faisaient observer que ses articles ne s'accordaient jamais avec le bien qu'il en disait, une raison qui, si elle n'était pas juste, démontrait du moins que son intérêt lui commandait d'en agir ainsi à l'égard des grandes réputations, pour ne point se traîner dans une route commune. Malheureusement, il s'était tellement pénétré du rôle qu'il jouait, qu'avec infiniment d'esprit, comme je viens de le dire, il a souvent dépassé les bornes qu'il s'était lui-même imposées.

(2) *Esprit des Lois.*

» mélange du vrai et du faux, du bien et
» du mal; ils s'accoutument à chercher un
» mauvais sens dans les choses qui naturelle-
» ment en ont un très bon; d'où il leur est
» aisé de passer à cette disposition, de cher-
» cher un bon sens dans les choses qui natu-
» rellement en ont un mauvais. On leur fait
» perdre la faculté de raisonner juste pour
» les jeter dans les subtilités d'une mauvaise
» dialectique, etc. »

Soyons plus justes: établissons, par des faits hitoriques, un parallèle entre ces deux rivaux de gloire. Voyons, examinons si les observations qu'on a faites sur Lekain sont applicables à Talma.

Commençons par le reproche que l'on a adressé tant de fois à ce dernier sur son défaut de taille, comme si, dans le monde ainsi qu'au théâtre, un homme appelé à étonner, par ses talens, devait avoir *cinq pieds huit pouces*. Pour répondre à ces reproches nullement mérités, je demanderai si Napoléon, qui maintenant appartient à l'histoire, qui était si petit de taille...... mais si grand!!!.... Le défaut de taille se remplace, s'agrandit par le génie, et la profondeur avec laquelle Talma créait et rendait ses rôles en a fourni la juste preuve.

Il a dû en être de même dans les temps, au sujet de Lekain, dont le physique était loin de pouvoir être comparé à celui de Talma : « Doué du plus heureux extérieur, d'une fi- » gure régulièrement noble et belle, d'un œil » superbe, d'un regard pénétrant, d'une in- » telligence tenant du génie, il réunissait en » lui tout ce que l'art et la nature peuvent » former de plus parfait au théâtre. »

Que diraient, par exemple, ces mêmes critiques, s'il se présentait aujourd'hui un acteur ainsi que Lekain s'est présenté à la Comédie-Française, le 14 septembre 1750, avec la taille et le physique tels qu'on les dépeint : « Lekain » était d'une médiocre taille; il avait la jambe » grosse, courte et arquée, la peau du visage » rouge et tannée, les lèvres épaisses, la bou- » che large, l'œil vif, à la vérité, mais c'était » tout ce qu'il avait de beau; en tout, son » visage offrait un ensemble désagréable, sa » voix était dure et sans modulation. Tel » était Lekain en débutant; » et cependant il fut applaudi l'espace de vingt-huit ans qu'il resta au théâtre. Il n'était pas rare dans la même soirée, d'entendre le public s'écrier : Ah! qu'il est laid!... Ah! qu'il est beau!... Ce qui prouve que son admirable talent faisait facilement oublier les disgrâces de son physique.

Depuis long-temps, et aujourd'hui même encore, on a voulu établir un point de comparaison entre Lekain et Talma, sur les inflexions de la voix et sur les gestes, sans réfléchir que de tous les arts, c'est le seul qui ne laisse après lui aucun souvenir, si l'on en excepte les traditions des entrées, des poses et des costumes, qui, malheureusement, transmises d'acteur en acteur, finissent par éprouver l'effet du temps, qui détruit tout.

L'acteur, quelque célèbre qu'il soit, ne laisse rien après lui; plus il a de talent, moins il laisse à saisir, parce qu'il y a mille nuances, mille inégalités dans le comédien qui joue, je ne dirai pas d'*inspiration*, car cela est impossible, puisque nos pièces sont assujetties à des règles dont on ne peut s'écarter, mais avec plus ou moins de chaleur, d'entraînement, d'abandon, suivant la nature du rôle qu'on représente.

Pour répondre aux reproches faits si souvent

à l'égard de Talma sur sa diction lourde et monotone, je dirai que l'art dramatique, comme tant d'autres, a ses écueils : tel s'est surpassé, en jouant un rôle la veille, qui le lendemain y sera faible; parce que l'homme vraiment comédien, qui sent vivement, ne joue, le plus souvent, que d'après l'impression qu'il éprouve en entrant en scène, ou la disposition que ses camarades apportent à le seconder.

Mais revenons à Lekain. S'il faut en croire mademoiselle Clairon, sa contemporaine, elle lui adresse les mêmes reproches sur sa *lenteur* et sur sa *déclamation;* elle rapporte dans ses Mémoires, dans des termes que je vais transcrire, et dont quelques mots m'ont paru inconvenans :

« Lekain, simple artisan, n'ayant qu'une
» figure *déplaisante* et *sale*, une taille *mal*
» *prise*, un organe sourd, un tempérament
» faible, s'élance de l'atelier au théâtre; et,
» sans autre guide que le génie, sans autre
» secours que l'art, se montre le plus grand
» acteur, le plus beau, le plus imposant, le
» plus intéressant des hommes. Je ne compte
» ni ses premiers essais ni ses derniers efforts :
» dans les uns, il doutait, tentait, se trompait

» souvent, et cela devait être ; dans les autres,
» ses forces ne secondaient pas ses intentions ;
» faute de moyens, il était souvent *lent et dé-*
» *clamateur*. Mais son bon temps est ce qu'on
» a jamais vu de plus approchant de la per-
» fection. Sans prévention pour ou contre, je
» dois pourtant avouer qu'il ne jouait pas éga-
» lement bien tous les auteurs. Il ne savait pas
» débiter Corneille ; les rôles de Racine étaient
» trop simples pour lui : il ne jouait bien de
» l'un et de l'autre que quelques scènes qui
» permettaient à son âme les grands élans dont
» elle avait besoin. Sa perfection n'était com-
» plète que dans les seules tragédies de Vol-
» taire ; ainsi que l'auteur, il se montrait con-
» tinuellement noble, vrai, sensible, profond,
» terrible ou sublime, etc. »

Il serait difficile, je crois, d'établir des idées
justes sur un pareil jugement : j'y remarque
plusieurs contradictions très sensibles ; et, en
effet, comment croire que l'homme, auquel on
accorde, dans les pièces de Voltaire, la qualité
d'être noble, vrai, sensible, profond, terrible
ou sublime, n'ait rendu qu'imparfaitement les
chefs-d'œuvre de Corneille et de Racine ; car
si vous lui accordez la *vérité*, la *sensibilité*, la

noblesse, il a pu, il a dû s'identifier avec notre harmonieux Racine, et concevoir parfaitement le grand Corneille, étant *profond, terrible* et *sublime*. Je crains bien que mademoiselle Clairon n'ait établi ses jugemens, non d'après ses propres observations, mais d'après les articles des journaux du temps, dont plusieurs lui étaient contraires.

J'arrive à la grande question si souvent reproduite, au sujet du nombre circonscrit des rôles que Talma jouait et qu'il affectionnait, dit-on, d'une manière toute particulière, ainsi qu'à ses fréquens voyages dans les départemens. Il semblerait que tout ce qui a été dit jusqu'à ce jour eût été calqué sur un article du *Censeur*, concernant Lekain :

« J'intimiderais la paresse ; rappellerais au
» théâtre qui le paie le comédien avide qui s'en
» éloigne la moitié de l'année, et qui ose en-
» suite toucher un argent qui ne lui est pas
» dû ; je donnerais en même temps de justes
» louanges à l'acteur zélé et assidu, et surtout
» à celui qui se prêterait le plus aux nouveautés
» théâtrales ; tandis que je ferais sentir que, si
» tel autre s'y refuse, c'est autant par l'incapa-
» cité de saisir un rôle qu'il n'a pas joué trente

» fois, que par l'indifférence la plus coupable
» pour son art. Tel était Lekain ; uniquement
» voué aux productions de M. de Voltaire, il
» avait fait le vœu secret d'étouffer tout ce qui
» ne venait pas de Ferney. Je l'ai vu effronté-
» ment se dire malade, lorsqu'il avait joué sept
» ou huit fois dans un hiver ; il abandonnait la
» capitale, montait en chaise de poste, et allait
» essayer s'il ne se porterait pas mieux en pro-
» vince, en représentant deux fois par jour ;
» alors il bravait les plus grandes chaleurs de
» l'été. S'il daignait encore jouer à Paris, c'était
» pour ne pas perdre la mémoire de huit à dix
» rôles à peu près semblables, qu'il promenait
» ensuite de tous côtés, dès que les beaux jours
» étaient venus. On le payait à Paris tandis
» qu'il déclamait à Bruxelles. Avec trois habits
» et un turban, cet acteur emportait avec lui
» toute la Comédie-Française. »

Ces reproches adressés à Lekain d'une manière si virulente, s'il faut en croire plusieurs
écrits du temps, ne sont pas tout-à-fait dénués
de fondement, sous le rapport de ses tournées
en province ; mais c'est le comble de l'erreur
que de ne lui assigner que huit à dix rôles,
lorsqu'il est prouvé jusqu'à l'évidence qu'il en

noblesse, il a pu, il a dû s'identifier avec notre harmonieux Racine, et concevoir parfaitement le grand Corneille, étant *profond, terrible* et *sublime*. Je crains bien que mademoiselle Clairon n'ait établi ses jugemens, non d'après ses propres observations, mais d'après les articles des journaux du temps, dont plusieurs lui étaient contraires.

J'arrive à la grande question si souvent reproduite, au sujet du nombre circonscrit des rôles que Talma jouait et qu'il affectionnait, dit-on, d'une manière toute particulière, ainsi qu'à ses fréquens voyages dans les départemens. Il semblerait que tout ce qui a été dit jusqu'à ce jour eût été calqué sur un article du *Censeur*, concernant Lekain :

« J'intimiderais la paresse, rappellerais au
» théâtre qui le paie le comédien avide qui s'en
» éloigne la moitié de l'année, et qui ose ensuite
» toucher un argent qui ne lui est pas
» dû; je donnerais en même temps de justes
» louanges à l'acteur zélé et assidu, et surtout
» à celui qui se prêterait le plus aux nouveautés
» théâtrales; tandis que je ferais sentir que, si
» tel autre s'y refuse, c'est autant par l'incapa-
» cité de saisir un rôle qu'il n'a pas joué trente

» fois, que par l'indifférence la plus coupable
» pour son art. Tel était Lekain ; uniquement
» voué aux productions de M. de Voltaire, il
» avait fait le vœu secret d'étouffer tout ce qui
» ne venait pas de Ferney. Je l'ai vu effronté-
» ment se dire malade, lorsqu'il avait joué sept
» ou huit fois dans un hiver; il abandonnait la
» capitale, montait en chaise de poste, et allait
» essayer s'il ne se porterait pas mieux en pro-
» vince, en représentant deux fois par jour ;
» alors il bravait les plus grandes chaleurs de
» l'été. S'il daignait encore jouer à Paris, c'était
» pour ne pas perdre la mémoire de huit à dix
» rôles à peu près semblables, qu'il promenait
» ensuite de tous côtés, dès que les beaux jours
» étaient venus. On le payait à Paris tandis
» qu'il déclamait à Bruxelles. Avec trois habits
» et un turban, cet acteur emportait avec lui
» toute la Comédie-Française. »

Ces reproches adressés à Lekain d'une manière si virulente, s'il faut en croire plusieurs
écrits du temps, ne sont pas tout-à-fait dénués
de fondement sous le rapport de ses tournées
en province; mais c'est le comble de l'erreur
que de ne lui assigner que huit à dix rôles,
lorsqu'il est prouvé jusqu'à l'évidence qu'il en

a joué près de cinquante. Au surplus, ce n'était nullement de sa faute si son répertoire se trouvait réduit à un certain nombre de rôles. Le public qui, à cette époque, était beaucoup plus sévère que de nos jours (1), ne donnait son

---

(1) Il s'est opéré un si grand changement dans le public qui fréquente aujourd'hui les spectacles, qu'on a droit de l'attribuer à notre révolution. Du temps de Lekain, époque la plus rapprochée de nous pour établir un point de comparaison, le public était d'une sévérité que l'on blâmerait de nos jours ; un acteur qui n'avait pas le bonheur de lui plaire, quoique doué souvent d'un talent supérieur, éprouvait des humiliations de tous les genres. Un seul trait suffira pour juger des autres. Granval, chéri du parterre avant l'admission de Lekain à la Comédie-Française, annonça, comme c'était l'usage alors, Zaïre, pièce dans laquelle il devait représenter Orosmane. A peine l'annonce fut-elle terminée, que le public en masse lui intima l'ordre de ne point paraître dans ce rôle, mais bien de le laisser jouer à Lekain. Cette démarche inconvenante se conçoit : la noblesse et les jeunes magistrats, qui à cette époque étaient ceux qui fréquentaient en plus grand nombre le théâtre, tenaient sous le joug les comédiens, les rendaient victimes de leurs moindres caprices, sans crainte d'éprouver aucune résistance de la part de la plus saine partie du public,

suffrage qu'à des œuvres dignes de figurer sur le premier théâtre de l'univers (1), et n'accordait qu'un succès éphémère aux pièces qui bientôt disparaissaient, telles que *Pharamond, Irène, Paros, Cromwel*, etc., que tout le talent de Lekain ne put jamais faire réussir.

---

qui gémissait en secret de cette conduite aristocratique.

(1) Depuis 25 ans, les hommes en état d'apprécier les beautés de notre scène tragique, les vrais amateurs de l'art dramatique, ont gémi des entraves que les divers gouvernemens qui se sont succédé ont apportées aux succès de nos modernes tragiques. Je demanderai à MM. Arnault, père et fils, Jouy, Lemercier, Casimir de Lavigne, Gosse, Étienne, Alexandre Duval, Casimir Bonjour, de Laville, etc., l'honneur et l'espérance de notre scène, s'ils n'ont pas été tentés vingt fois d'abandonner cette noble carrière, par les dégoûts, les persécutions de tout genre, dont la censure de ces divers gouvernemens les a abreuvés en comprimant l'essor de leur génie, l'inspiration que leurs sujets étaient susceptibles de faire naître, par l'idée de cette monstrueuse censure, fléau de tout ce qui est vrai, noble et grand, pour les assujettir aux caprices, non des gouvernans, mais bien de leurs ministres ombrageux qui, en étouffant l'élan créateur du poëte, osent s'en faire un titre à la faveur du prince, qui sou-

2

« Je ne relèverai point les autres objections du *Censeur*, quelquefois vraies, plus souvent fausses, et qui, dans tous les cas ne peuvent être applicables à Talma, puisqu'il a donné depuis son entrée dans la carrière dramatique jusqu'à sa mort des preuves d'une activité qui ne s'est point démentie; aussi lorsqu'on citera ces dernières années, on aura peine à croire qu'un homme qui avait dépassé soixante ans ait pu créer des rôles avec la même noblesse, la même profondeur, la même énergie que s'il n'avait eu que quarante ans; en un mot,

Talma ne connut point le déclin de la gloire !

Il n'a peut-être pas existé deux acteurs dont le talent fût plus susceptible d'être mis en parallèle que celui de Lekain et de Talma. Les qualités, les défauts dans ces deux hommes célèbres ont un rapprochement extraordinaire;

---

vent ignore ces honteuses manœuvres; et l'on a osé traiter Louis XIV d'absolu, de despote !.. Ah ! que tous les rois le soient ainsi dans l'intérêt des arts, et bientôt des œuvres de génie seront mises au jour ! Une mine féconde reste à exploiter; ayez le courage de donner l'impulsion, et les siècles à venir vous béniront pour ce salutaire bienfait.

et cependant tout a prouvé l'immense supériorité de Talma sur Lekain.

Voici le jugement que le grand Frédéric portait sur Lekain, dans une lettre qu'il adressait à Voltaire : « Ce comédien est très habile ; il
» a un bel organe, il représente avec dignité,
» il a le geste noble, et il est impossible d'avoir
» plus d'attention pour la pantomime qu'il
» n'en a. Mais vous dirai-je naïvement l'impression qu'il a faite sur moi ? Je le voudrais
» *un peu moins outré*, et alors je le croirais
» parfait. »

On n'a pas manqué de dire également de Talma, que pendant long-temps il avait *outré son jeu* et *crié ses rôles*, sans se rappeler que sa carrière théâtrale avait eu deux époques bien distinctes : la *République* et l'*Empire*. Sous la république, sa manière de jouer s'est entièrement ressentie des évènemens : cette révolution, qui avait transformé une classe d'hommes en forcenés, l'entraîna malgré lui à suivre le torrent; c'est-à-dire que pour complaire à un public toujours en effervescence (1), il ne pou-

---

(1) Les jeunes gens alors se réunissaient au nom-

vait en être apprécié qu'en *forçant ses moyens*, en outrant ses rôles pour être au diapason de ces exaltés. Dans d'aussi pénibles circonstances, ce qui aurait pu, ce qui devait perdre un talent ordinaire, n'a servi au contraire qu'à nous montrer toute la flexibilité de son talent.

---

bre de 200 à 300, munis de *gourdins*, parcouraient les boulevards, les rues, en chantant *Ça ira*, la *Carmagnole*, etc., et finissaient toujours par entrer d'autorité dans les parterres de nos grands théâtres, pour y faire chanter la *Marseillaise*, dont ils répétaient le refrain en chœur. Il faut avoir été témoin de ces scènes de délire pour s'en faire une juste idée. C'est à cette même époque que l'on vit madame Vestris, chaque fois qu'elle jouait dans *Épicharis et Néron*, s'avancer vers la rampe, prononcer avec enthousiasme et d'une voix animée, ces mots, auxquels souvent le parterre faisait chorus, Liberté! liberté!.... Les mêmes scènes furent répétées lorsque *le Chant du réveil du Peuple* parut......., et peut-être bien par les mêmes personnages... car telle est la fragilité des hommes... Que d'exemples depuis!.. que de rapprochemens à faire!.. que de versatilité!.. que d'ingratitude!.. que d'apostasie!.. de bass....!.. Silence, ma plume, j'aperçois la censure ouvrant de longues oreilles... s'armant de l'instrument fatal... Silence...

Le changement qui s'opéra graduellement dans les mœurs, le ton, les manières, depuis la création du Directoire jusqu'à nos jours, tout servit puissamment notre tragédien, en le mettant à même de changer sa diction, de se livrer à de nouvelles et profondes études, qui n'ont cessé d'étonner tous ceux qui ont eu le bonheur de le suivre et de l'apprécier, depuis 1792 jusqu'en 1826.

S'il faut en croire les critiques du temps de Lekain, ils lui reprochaient : « que ses gestes » étaient toujours les mêmes, apprêtés, com- » passés, mesurés géométriquement; que sur » chacun de ses rôles, il les avait scrupuleu- » sement notés en marge, qu'il passait la ma- » tinée à les étudier devant une glace, et que » quiconque lui avait vu jouer un rôle, pou- » vait annoncer, scène par scène, tous les » gestes dont il faisait constamment usage. »

Comment concilier ce jugement avec les éloges donnés à la chaleur de son jeu? De deux choses l'une : si vous lui accordez cette dernière qualité, ses gestes n'ont pu être *apprêtés, compassés* et *mesurés,* parce que le geste étant toujours guidé par l'action de la parole, il doit en suivre la promptitude; or, tout comédien qui s'occuperait en scène de sa pose ou de ses gestes serait, à coup sûr, un acteur froid et monotone. Je présume bien que Lekain était loin d'approcher de Talma, dans cette partie si essentielle de la tragédie; mais prêter tous ces défauts à Lekain, c'est lui contester tout le mérite que ses contemporains lui ont accordé, comme éminemment tragique, c'est le comble de l'absurdité.

Supérieur dans l'art si difficile d'accorder le geste avec la parole, Talma a peut-être été le seul qui ait su constamment les mettre tous deux en harmonie, avec autant de naturel que de perfection. Vouloir retracer le jeu, l'expression de sa physionomie, la beauté mâle et énergique de sa pantomime, la noblesse de ses poses, ce serait vouloir peindre ce qu'on ne peut saisir.

Reportons-nous un instant seulement, en idée, à cette scène avec Agrippine, dans Britannicus, lorsque, assis dans un fauteuil, il y exprimait l'embarras, la contrainte et surtout l'impatience qu'il éprouvait, qu'il rendait d'une manière si admirable, pendant les vifs reproches que lui adressait sa mère. Quelle plume trouverait jamais d'expressions capables de rendre l'effet qu'il produisait alors sur le public?

Lekain, ainsi que Talma, joua la comédie; mais il fut loin d'égaler ce dernier dans ce genre ; aussi ne la joua-t-il que par complaisance et même avec une espèce de dégoût.

Un rôle où je ne reconnus en Talma rien qui rappelât l'homme tragique, fut celui qu'il créa dans *les Artistes*, Dorlis le poëte, pièce de Colin-d'Harleville, représentée le 9 novembre 1796(1) : rien de plus naturel, de plus aimable par le ton et par la manière vive et enjouée dont il rendit ce rôle, revêtu d'une simple redingote à schal; c'est un de ses rôles qui m'a le plus frappé dans la comédie.

On a donné le surnom, à Lekain, de *Restaurateur du costume*; de quelle expression se servira-t-on pour Talma?

Sous le rapport de l'esprit et des connaissances, tous les deux ont mérité de fixer l'attention publique.

« Lekain était instruit ; sa conversation était

---

(1) Cette pièce a été omise dans la liste donnée par M. Moreau.

» sensée, grave, sans affectation, solide et in-
» téressante. Naturellement mélancolique et
» rêveur, il se livrait volontiers à la gaieté,
» pourvu qu'on le laissât à son aise. Il était
» d'une complexion très ardente; il sentait
» les passions avec autant de force qu'il savait
» les exprimer au théâtre.

» Talma était également un homme de beau-
» coup d'esprit et de beaucoup de goût; il écri-
» vait avec une rare élégance et une grande
» pureté; tous ceux qui l'ont connu particu-
» lièrement aimaient sa personne et honoraient
» son caractère. Son commerce était d'une dou-
» ceur infinie; il n'a jamais fait de mal, et
» tous les jours il faisait du bien. Il avait reçu
» de la nature une imagination mélancolique,
» et surtout une extrême sensibilité de nerfs. »

Je suis arrivé au moment qui a été le plus glorieux pour ces deux hommes célèbres. Si un rapprochement étonnant a existé pendant leur vie dans un talent qui fut universellement applaudi, de même les vertus qui distinguent toujours l'homme de bien ne les ont point abandonnés pendant le cours de leur brillante carrière.

Lekain aida ses amis de sa bourse et de son

crédit. Les nombreux habitans de Fontenay-sous-Bois, où il avait une maison de campagne, le regardèrent toujours comme un père. Il fit entreprendre des travaux considérables dans l'intention de les occuper, et par ce moyen venir à leur secours d'une manière honorable pour eux.

Talma, son digne émule en grandeur et en générosité, laisse après lui les mêmes regrets. Le malheureux ne l'a jamais imploré en vain. Prodigue de son talent pour venir au secours des artistes sans place ou affaiblis par l'âge, il soulagea les infortunés de toutes les classes; sa bourse était ouverte en secret au pauvre honteux, qui venait y puiser des secours souvent répétés. Ses nombreux bienfaits sont les titres qu'il laisse à l'admiration de ses concitoyens... Est-il un plus touchant souvenir?...

Et vous, humbles habitans de Brunoy, qui l'avez toujours reçu avec de si vives acclamations, pour lui payer le juste tribut de reconnaissance que vous deviez à sa rare prévoyance, à la persévérance qu'il mettait à vous créer des travaux, redirai-je les nombreux sacrifices qu'il a faits, et dans quel noble dessein?.. Et pourquoi renouvellerais-je vos regrets?...

Quelle main désormais séchera vos pleurs, soulagera vos besoins, adoucira vos peines? Quel autre enfin méritera le surnom que vous lui donniez lorsqu'il se présentait dans vos murs: *v'la l'boulanger qu'arrive;* nom populaire que vos enfans rediront d'âge en âge pour désigner celui qui fut si long-temps votre bienfaiteur!

Louis-Henri Lekain, fils d'un orfèvre, naquit à Paris, le 14 avril 1729;

Débuta à la Comédie-Française le 14 septembre 1750, par le rôle de Titus, dans *Brutus*; ses débuts durèrent quinze mois.

Reçu sociétaire le 24 février 1752;

Retiré du théâtre le 24 janvier 1778, par le rôle de Vendôme. Il mourut le 8 février de la même année.

François-Joseph Talma, fils d'un dentiste, naquit à Paris le 15 janvier 1760 (1);

Débuta à la Comédie-Française, le 27 novembre 1787, par le rôle de Séide dans *Mahomet*.

Reçu sociétaire le 1er avril 1789;

(1) Un article inséré dans *l'Opinion* du 10 novembre, le fait naître en 1763. Le même article le fait débuter le 21, au lieu du 27.

Retiré du théâtre le 3 juin 1826, par le rôle de Charles VI. Il mourut le 19 octobre de la même année.

Il n'est plus, ce talent rare et sublime qui savait si bien exprimer les vives émotions de l'âme ; rendre avec une chaleur entraînante toutes les nuances des passions; peindre avec énergie, avec une noble hardiesse les traits, le caractère des grands hommes de l'antiquité, de la Grèce, de Rome; ce génie créateur, étonnant par la profondeur de son jeu ; excitant chaque jour les éclatans transports d'un public qui venait lui témoigner, par de nombreux applaudissemens, l'enthousiasme, l'admiration qu'il a su provoquer jusqu'au délire. Ce talent... c'en est fait... il n'est plus !

Sa mort dans nos cœurs laisse de pénibles regrets. S'il fut illustre par son talent, il fut grand par ses bienfaits; et lorsque les Arts en deuil regrettent en lui un homme célèbre, les infortunés déplorent amèrement la perte d'un père !

Ah ! repose en paix, toi qui fus l'assemblage parfait d'une sainte amitié, d'une active bienfaisance, le modèle et l'honneur de notre scène... Ah ! repose en paix !....

C'est en vain, *tourbes hypocrites*, que vous vous débattez pour abaisser et flétrir la renommée d'un homme de génie : les décisions du public sont immortelles; son opinion seule crée le talent, donne la vie, la gloire, ou plonge dans l'oubli; il a prononcé entre vous et Talma. La foule immense qui a suivi, dans le plus profond recueillement, son convoi jusqu'à sa dernière demeure, a confirmé son jugement.

RÉFLEXIONS
SUR
L'ART DRAMATIQUE.

Depuis des siècles on a écrit, sur l'art du comédien, des ouvrages même très volumineux, sans que l'on ait aperçu pour cela quelque amélioration dans cet art. Jusqu'à présent, malgré les préceptes qu'on a donnés, si toutefois il en existe de réels, et toutes les démonstrations des maîtres même les plus exercés, on n'a pu faire un talent supérieur d'un homme froid et maniéré. Pour peu qu'on y réfléchisse, cela se conçoit. Qu'est-ce que l'art du comédien? c'est l'art de rendre avec le plus de vérité possible toutes les passions qui gouvernent les hommes : la première qualité d'un comédien est donc d'avoir une âme propre à en recevoir toutes les impulsions.

Avant d'aller plus loin, je vais développer ma pensée au sujet des *démonstrations* et des leçons de *déclamation*, et prouver que le comédien se fait de lui-même, sans maître, sans leçons *journalières*, mais bien par des conseils et des observations toujours prises dans la nature du rôle qu'il doit représenter. Assujettir un jeune élève à d'autres règles, c'est vouloir en faire une pâle copie de celui qui l'enseigne, c'est le rendre esclave de son propre génie, en cherchant à le façonner dans la manière de déclamer ou de faire les moindres gestes; en un mot, c'est en faire un véritable singe qui, loin des yeux du maître, abandonné à lui-même, aura bientôt perdu la faculté de créer un rôle, parce que jusqu'alors il n'aura point osé voler de ses propres ailes.

J'ignore les moyens qu'emploie le Conservatoire, n'ayant jamais eu occasion d'assister à ses leçons. Je citerai un fait qui m'est arrivé avec un jeune homme qui me demandait des avis sur sa manière de déclamer. Je le fis répéter. Chaque fois qu'il n'approchait point de la vérité, je me contentais de lui dire : *Ce n'est pas cela*. Enfin, impatienté, il me dit :
— Mais, monsieur, vous me répétez continuellement, *ce n'est pas cela*, sans prendre la peine de déclamer vous-même les morceaux que je viens de vous réciter, ce que fait journellement mon maître. — Tant pis, monsieur,

car c'est la plus mauvaise manière que je connaisse pour arriver à rendre un comédien parfait. — Vous m'étonnez singulièrement, me répliqua-t-il. — C'est à tort que vous vous étonnez d'une chose aussi simple en elle-même. Lorsqu'un peintre est dans son atelier, entouré de ses élèves, que répond-il aux divers conseils qui lui sont demandés ? *Faites ce que vous voyez;* se contentant seulement de donner un coup de crayon, tantôt d'un côté, tantôt de l'autre, se gardant bien toutefois de toucher à l'ensemble du dessin. Cette comparaison doit s'appliquer également à l'élève de Thalie ; les coups de crayon du peintre doivent être entendus par lui, et rendus par la personne qui donne ses avis par ces mots : Cette partie du rôle demande plus de chaleur, de force, d'énergie, d'indignation; ou bien, plus de haine, de colère, de froideur, de mépris, d'indifférence; une autre partie, plus d'amour, de jalousie; celle-ci, plus de candeur, de naïveté, d'abandon; celle-là, plus de noblesse, de grandeur, de fureur, d'hésitation; enfin, cette autre plus de vanité, de faiblesse, de coquetterie, de fierté, etc. Or, *ce n'est pas cela,* indique facilement à l'élève qu'il doit, d'après la nomenclature des mots ci-dessus; travailler à chercher de lui-même le sens, la vérité, s'identifier avec le personnage qu'il est appelé à représenter; tenter enfin d'atteindre le but, jusqu'à ce que la personne qui l'écoute, qui l'observe, s'écrie avec enthousiasme : *Bravo, c'est cela ! c'est bien cela !*

Revenons à mon premier paragraphe, concernant l'âme et ses impulsions.

Depuis la naissance du théâtre, ou pour mieux dire depuis Corneille jusqu'à nos jours, les grands talens, particulièrement dans la tragédie, se sont bornés à quelques sujets marquans, et cependant le nombre des comédiens a été considérable. Pourquoi? parce que pour bien jouer, soit la tragédie, soit la comédie, pour y exceller, pour arriver à la perfection, il faut être nerveux (1), c'est-à-dire que tout

---

(1) Le genre nerveux est le plus propre aux tragédiens ainsi qu'aux jeunes premiers dans la comédie, parce que tout fait impression sur leur âme; la moindre contrariété les irrite, une opposition un peu marquée les excite à la colère; ils s'attendrissent jusqu'aux larmes au récit d'une belle action. Ces larmes, chez eux, n'ont point le caractère de la faiblesse, elles prou-

ce qui nous frappe agisse sur nous de manière à nous faire une vive impression.

L'histoire nous apprend que tous nos grands hommes avaient les passions vives, ceux du moins qui ont été appelés à les peindre ; si nous admettons ce fait, ceux qui doivent, par état, représenter leurs chefs-d'œuvre, doivent, avant d'embrasser la carrière théâtrale, s'étudier sur leur manière d'être, de penser, de sentir, juger si la nature les a rendus propres, non-seulement à saisir, mais à rendre un rôle avec la chaleur (1), la verve, l'abandon, et l'entraînement qui distinguent le vrai talent d'une désespérante médiocrité.

Il est facile de bien lire, de ne point faire de contre-sens, de bien débiter les vers, d'en faire ressortir toutes les beautés, de les réciter

---

vent seulement qu'ils ressentent plus vivement que d'autres les diverses commotions dont la vie de l'homme est agitée,

(1) Il faut bien se garder de confondre l'art avec le charlatanisme, la véritable chaleur avec celle qui n'est que factice, et l'assurance avec la hardiesse. Un acteur peut en imposer long-temps à la multitude, obtenir des bravo, et cependant ne les point mériter.

avec justesse, d'entendre très bien un rôle; mais, je le répète, l'acteur dénué des qualités distinctives qui constituent le véritable comédien, ne sera, pour le public qui l'écoute, qu'un habile lecteur, encore préférerait-il souvent l'entendre dans un salon, un livre à la main. Tel est, et tel sera toujours le sort de tout comédien qui ne recèle point en lui le feu sacré, le feu divin qui échauffe, qui embrase, qui donne la vie au moindre vers, et que toutes les leçons démonstratives ne pourront jamais donner.

Je vais soumettre quelques idées générales, pour démontrer aux jeunes gens qui se destinent au théâtre, quelles sont les principales qualités qu'ils doivent y apporter lorsqu'ils possèdent, comme je viens de le dire, l'âme qui anime tout.

Je voudrais que l'œil du public fût toujours agréablement frappé par l'ensemble d'une égale grandeur de taille, que l'on n'en vît point de gigantesques à côté de petites. Malheureusement cela est de toute impossibilité: tel qui se trouve guidé vers le théâtre par une vocation irrésistible ne considère nullement de quelle manière la nature l'a formé. Une taille ordinaire serait la plus convenable, même dans la tragédie, si l'imagination du public ne se reportait point aux héros de la fable et de l'antiquité, que l'acteur est parfois appelé à représenter; seuls rôles qui demanderaient des proportions plus qu'ordinaires pour que l'illusion fût complète; mais Lekain et Talma ont pour jamais décidé cette question, par la célébrité qu'il se sont acquise, malgré leur taille, dans cet art qui a rendu leur réputation européenne. La cause est jugée pour l'avenir.

La comédie n'admettant rien de commun, soit dans les expressions, soit dans les caractères, le comédien doit se garder d'être trivial, quels que soient les rôles qu'il représente. Le plus difficile au théâtre, pour un comédien, c'est de bien savoir entrer en scène; cela demande beaucoup d'habitude, la connaissance parfaite des planches : tout comédien qui parvient à vaincre cette difficulté a gagné l'aplomb qui doit le rendre maître de lui-même, et lui donner la faculté de développer tous ses moyens.

Une chose que je regarde comme très importante, et à laquelle on n'apporte point assez d'attention; c'est que le comédien ne portant plus à la ville, comme autrefois, l'habit brodé et l'épée, ne doit pas se contenter de n'en faire usage qu'au théâtre, s'il veut arriver à porter cet habit avec toute la noblesse qu'il réclame. Il doit donc dans son intérieur, s'en revêtir, y joindre l'épée, le chapeau, et répéter ainsi ses rôles ; seul moyen de se familiariser avec un costume que nos gens de cour ne savent plus porter, lesquels par conséquent ne peuvent plus lui servir de modèles.

Quelles que soient *les révolutions qui s'opéreront dans l'art dramatique*, les chefs-d'œuvre de l'illustre et inimitable Molière ne disparaîtront jamais de la scène ; la haute comédie y tiendra toujours le premier rang : il est donc essentiel de conserver l'habitude de porter cet habit.

Il faut bien se garder de confondre la noblesse avec la raideur. On doit généralement, dans les mouvemens, s'attacher à les rendre avec la souplesse, la grâce, l'élégance, l'énergie et la dignité convenables, suivant le caractère du rôle ; les multiplier est une grande faute, un contre-sens qui choque désagréablement les yeux.

En général, un comédien qui veut se pénétrer de son art ne doit rechercher la société que des hommes remarquables par la noblesse de leurs manières et le choix de leurs expressions; il en existe encore sur lesquels un comédien jaloux d'atteindre à la perfection peut se modeler.

Tout comédien, quel que soit son emploi, doit apprendre à faire des armes; cet exercice sert à développer tous les mouvemens du corps, à lui donner la souplesse et l'agilité qui conviennent particulièrement aux jeunes premiers ainsi qu'aux comiques. Cet exercice lui donne encore l'adresse, la force, et surtout l'aplomb si nécessaire au théâtre. Il doit apprendre également à danser, parce que cet art lui sert, non-seulement à acquérir de la grâce, mais encore à se bien présenter en scène et à régler ses mouvemens. Le concours de ces deux arts ne peut que le mettre à même de captiver la bienveillance publique.

L'acteur doit apporter la plus scrupuleuse attention dans ses vêtemens; y mettre de l'indifférence, de la négligence, c'est manquer essentiellement au public, c'est donner la preuve qu'il est totalement dénué de goût. La plus grande sévérité doit être apportée dans le choix d'un costume; il faut savoir surtout l'approprier au caractère du personnage, moyen qui dispose favorablement le parterre en faveur de celui qui cherche toujours à s'approcher le plus qu'il est possible de la vérité. L'acteur qui, oubliant le caractère du rôle qu'il représente, se permet de le défigurer par une mise outrée, dépasse les bornes; il mérite d'être réprimandé par le public. Mais si, par un de ces contrastes si frappans au théâtre, ce même public a la maladresse de rire de la charge du costume, l'acteur croyant avoir atteint le but, puisqu'il a fait rire, devient dupe lui-même; de là, tant d'erreurs qui tournent au désavantage de l'art.

Pour arriver à être vrai, naturel, il faut se bien garder d'outrer ses rôles, et cependant il faut tâcher en même temps d'éviter le défaut contraire, qui est la monotonie. Tel qui réciterait un rôle dans un salon, avec le degré de force et de chaleur convenable à sa localité, serait froid sur la scène, parce que l'étendue d'un théâtre n'est nullement à comparer avec l'intérieur d'un appartement, quelque vaste qu'il soit. Il s'ensuit donc que l'acteur doit conduire sa voix de manière à se faire entendre de toutes les parties de la salle.

Sous le rapport du débit, gardez-vous bien des transitions brusques ; il faut les ménager avec art, et surtout ne les point prodiguer. Évitez également ces éclats de voix qui sont toujours aigres et criards, qui nuisent essentiellement à l'harmonie des vers. Gardez-vous aussi de les saccader, et surtout de rester sur la fin de chacun d'eux, ce qui produit non-seulement le plus mauvais effet, mais qui ôte encore les moyens de les moduler et de les rendre avec expression.

Je ne sais pourquoi on n'a point établi de différence entre réciter et déclamer un rôle : déclamer suppose de l'emphase, un emploi affecté, des termes pompeux, exagérés, ampoulés, etc. ; je préférerais qu'on adoptât le mot réciter, qui indique dire de mémoire, raconter, narrer un fait, etc. Au surplus, comme l'habitude a consacré ce terme au théâtre, j'engagerai nos jeunes comédiens à éviter soigneusement de tomber dans l'exagération que le mot *déclamer* désigne si bien.

Un acteur doit s'abstenir de donner à son récit le ton pleureur : une diction chantante n'est nullement dans la nature. Ceux qui ont considéré la tragédie comme exagérée ont eu tort ; tous les caractères qu'on y représente sont retracés en partie d'après les grands hommes qui ont existé : or, dans quelque situation que vous les représentiez, dans quelque position que vous les placiez, certes, ils ont dû agir et parler comme nous.

On peut exprimer tous les sentimens que l'homme est susceptible d'éprouver, sans pour cela les dénaturer et les psalmodier. Du moment qu'un acteur adopte cette manière, on ne doit plus le considérer comme appartenant à la Comédie-Française, mais bien comme un chanteur de l'Opéra, puisque, à l'exemple de ce dernier, il ne parle plus qu'en récitatif.

Lorsqu'il aura un rôle à créer, si le personnage est historique, il ne doit pas se contenter des indications mises dans la pièce qu'il doit jouer ; mais il aura recours aux meilleurs auteurs qui ont traité l'histoire, pour se pénétrer du caractère qu'il devra lui donner, consulter même sa vie privée pour arriver à saisir la physionomie qui donnera au rôle un véritable cachet.

Faire tout valoir dans une pièce, ce n'est plus jouer la comédie. Que l'acteur, lorsqu'il apprend son rôle, le dissèque vers par vers dans l'intention d'en faire ressortir ceux qui doivent produire le plus d'impression sur le public, c'est là le beau côté du talent; il se conduira de même pour la prose; il glissera légèrement sur les parties faibles, pour faire valoir les situations les plus attachantes. Cela demande, je le sais, beaucoup de tact et de connaissance; mais on supposera toujours à ceux qui se destinent au théâtre de l'instruction; d'ailleurs, à force de classer dans leur mémoire les pièces de nos grands maîtres, ils se pénètrent aisément des beautés qu'elles renferment, ce qui les met à même de se tromper rarement, puisque cette étude devient pour eux de véritables leçons, qu'on peut considérer à juste titre comme un cours de littérature.

Enfin, un comédien doit toujours réciter son rôle à haute voix, sans néanmoins le dire d'une seule haleine; il doit, au contraire, l'apprendre phrase par phrase, en chercher le véritable sens; car le seul mot *oui* pouvant se dire de *dix manières différentes* (et notez bien qu'il n'y a point ici d'exagération), on doit juger par là de l'attention qu'un acteur doit apporter à la recherche et à l'application de la valeur de chaque phrase.

La profession du comédien est, de toutes les professions, la plus difficile, la plus fatigante et la plus dangereuse, pour celui surtout qui l'exerce avec amour, avec passion. Une grande partie du public ignore par combien de veilles, de peines et de soucis le comédien achète la précieuse faveur d'être accueilli favorablement; heureux lorsqu'il parvient, en quittant cette *honorable carrière, malgré les quand même,* à laisser après lui un nom sans tache et d'agréables souvenirs.

Une chose que j'ai remarquée bien souvent au théâtre, c'est qu'un homme, même instruit, peut dire : Cet acteur me plaît; il joue avec âme, sans pour cela en motiver les raisons. De même un autre, quittant la banquette du parterre, s'écrie : Mauvais ! détestable ! pitoyable ! Demandez-lui de justifier ces exclamations par des développemens, il ne saura que répondre, parce qu'il ne nous est pas toujours permis d'exprimer ni de rendre ce que nous éprouvons intérieurement. Cependant ces hommes sentiront juste; ils ne se tromperont pas plus dans les applaudissemens qu'ils accorderont aux acteurs, que la classe du peuple, qui tous les ans vient siéger en masse dans nos grands théâtres.

Combien de fois nos journalistes ne se sont-ils pas complus à retracer ce tableau, à reconnaître dans ces hommes *bruts*, cet esprit naturel qui se trompe rarement dans les jugemens qu'il porte, quel qu'en soit l'objet. En effet, ne les voyons-nous pas aux représentations gratuites, malgré leur *grossière ignorance*, juger nos grands auteurs avec un tact vraiment désespérant pour nos petits génies du faubourg Saint-Germain, qui, malgré leur prétendu savoir, tombent journellement dans des contradictions qui choquent le bon sens. Mes lecteurs vont s'écrier : A qui va-t-il accorder l'esprit ? à des hommes grossiers...... Doucement, messieurs, il y a plusieurs sortes d'esprit,

« La nature féconde, ingénieuse et sage,
» Par des dons partagés, arment cet univers ;
» Parle à tous les humains, mais sur des tons divers ;
» Ainsi que son *esprit*, tout peuple a son *langage*. »

Qui pourrait d'ailleurs se refuser à rendre hommage à cette classe du peuple qui, pour être dénuée de toute instruction, n'en est pas moins recommandable, sous plus d'un rapport ; ne la voit-on pas journellement aussi honorée, et plus heureuse de son état, *qu'un mi-*

nistre en *faveur*; et cela par une raison toute simple, c'est qu'en le faisant avec probité, ces hommes n'éprouvent aucun souci; ils se lèvent, se couchent sans être dévorés d'ambition, de *remords*; s'ils récoltent peu, de peu ils se nourrissent. On les voit courbés sous le poids d'un pesant fardeau, le corps fatigué, mais l'esprit toujours tranquille et le cœur satisfait... Pourtant, combien de fois ne s'est-on pas servi de leur nom pour....? Sans m'en apercevoir, je me trouve entraîné à discourir sur un sujet étranger à l'art dramatique. Concluons. Celui qui veut raisonner ou se permettre de soutenir une opinion sur le mérite d'un acteur qu'il voit jouer pour la première fois, n'y parviendra jamais, s'il ignore les règles et les prestiges de l'art théâtral; il faut de longues années d'expérience pour aider à étudier à fond le plus difficile de tous les arts.

Oserai-je aborder quelques réflexions sur nos critiques? et pourquoi pas? Mes observations ne pourront déplaire qu'à ceux qui ont fait abnégation de tout sentiment d'honneur et de convenance; mais l'homme sans passions, ennemi de l'intrigue, admirateur et juste appréciateur de tout ce qui est bien, rougira toujours de tremper sa plume dans le fiel pour relever les erreurs auxquelles l'espèce humaine est si souvent condamnée.

En général, nos vieux critiques ne tiennent point assez compte des efforts que font certains acteurs pour parvenir à captiver la bienveillance d'un public éclairé, et nos jeunes littérateurs ne réfléchissent point également que ce n'est pas avec l'arme du persifflage, de la satire, et surtout à l'aide de mauvaises plaisanteries, qu'on corrige les hommes et qu'on les amène à faire ce qu'on a droit d'exiger d'eux, et cela dans l'intérêt de l'art qu'ils professent.

Certes la critique est utile et nécessaire ; *elle est le flambeau du génie et des arts; plus elle est publique, plus elle donne d'essor au talent;* mais il faut qu'elle soit guidée par la justice, exempte de passion; sans cela, de quelle utilité seraient les journaux pour les progrès et pour l'intérêt de l'art dramatique, s'il faut que chaque jour ils soient en contradiction sur tel ou tel acteur? Quelle opinion s'en formeront, non-seulement les habitans de la capitale, juges compétens, mais ceux des provinces et les étrangers appelés continuellement à Paris pour jouir de nos chefs-d'œuvre? Quels seront leurs sentimens sur une telle manière de juger nos artistes; car il faut convenir d'un fait : ou un un acteur est mauvais, ou il est bon; or, à quelques nuances près, les critiques doivent s'accorder sur le genre de son talent et sur la manière dont il a créé un rôle.

De plus, la sévérité de certains critiques passant les bornes d'une juste bienveillance, jette l'épouvante parmi nos jeunes artistes; puisque, loin de les encourager, de les guider par une judicieuse critique, ils cherchent à éteindre en eux jusqu'au germe du talent.

On ne manquera pas de m'objecter que lorsqu'on reconnaît dans un acteur qu'il n'a aucune des qualités propres à faire un sujet, on doit être assez franc pour lui dire la vérité; c'est même lui rendre service. Je conviendrai que ce serait lui rendre service, si l'on pouvait asseoir un jugement fixe sur un acteur à ses débuts, ou dans les premières années qui les suivent; mais comme l'expérience a démontré, d'un autre côté, ce que je prouverai plus loin, que tel acteur, après avoir été sifflé pendant dix ans, était devenu, par la suite, l'acteur à la *mode*, l'*idole* du public, on conviendra du moins qu'on ne saurait apporter trop de circonspection dans les jugemens que l'on porte sur les artistes à leur entrée dans une carrière si difficile, dont les succès souvent ne viennent qu'à la suite de longues et pénibles études.

D'autres prouveront qu'il faut absolument critiquer ce qui est mal, montrer les erreurs que commettent tant de gens, souvent faute de lumières. D'accord; il est si facile de critiquer les abus qui se glissent dans la société sans blesser l'amour-propre de personne. Si, par exemple, on veut faire la critique d'un théâtre, qu'on imagine une fable; que, sous le voile d'une fine plaisanterie ou d'une saine raison, suivant les circonstances, on fronde les abus qui s'y glissent, toutefois sans nommer les individus : les critiques indirectes sont plus sensibles pour celui qui en est l'objet, que les plus *grossières injures* qu'on pourrait lui adresser.

J'arrive à une question extrêmement délicate, et cependant du plus grand intérêt sous le rapport des acteurs à venir.

Chacun se dit : Un comédien a-t-il toujours tort lorsqu'il veut sauter à pieds joints sur les règlemens de la Comédie-Française ? Je répondrai, oui; parce que dans toutes les institutions, de quelque nature qu'elles soient, on ne doit jamais dévier, enfreindre une loi, un arrêté pour favoriser un individu; cela serait, non-seulement un abus de pouvoir, mais une infraction à la chose jugée; et cependant ces règlemens sont l'écueil où viennent souvent échouer les plus heureuses dispositions. En effet, on a vu des jeunes gens avoir des débuts très brillans, soit sous le rapport des espérances, soit par un talent précoce; on les a vus, une fois leurs débuts terminés, sans devenir tout-à-fait nuls, rentrer dans la classe des comédiens ordinaires, desquels on ne dit ni bien ni mal. La conséquence en est simple, c'est qu'un débutant qui arrive au théâtre avec les ressources qu'offre la jeunesse, une âme ardente, l'envie de parvenir, de s'illustrer, de devenir enfin l'égal des premiers sujets qu'il a sous les yeux, se voit tout à coup arrêté par les règlemens, que le chef d'emploi ne manque jamais de faire valoir, si le débutant laisse apercevoir l'aurore d'un beau talent. Alors les années s'écoulent dans l'inaction, la jeunesse se passe, le feu de l'ambition s'éteint; arrive enfin le moment où l'étincelle électrique du génie ne peut plus se communiquer à l'*âme*.

De ces principes naissent les dégoûts qui paralysent les moyens de presque tous les comédiens qui sont reçus sociétaires, en les mettant plus tard dans la nécessité, ou de renoncer à la carrière dramatique, ou de se résoudre à jouer pour ainsi dire les utilités qui, chaque soir, les exposent aux railleries, pour ne pas dire aux murmures d'un public qui n'est pas toujours juste à cet égard, puisque quelques-uns finissent, et, dans des circonstances à la vérité fort rares, par sortir de leur honteuse obscurité, pour s'élever ensuite avec la rapidité de l'aigle.

Comme je n'avance jamais rien que je ne puisse justifier par des faits, j'aurai recours à l'*Histoire du Théâtre*; elle nous a démontré que Belmont, après ses débuts, fut contraint de jouer les confidens tragiques et les utilités dans la comédie, où il fut mal accueilli pendant l'espace de cinq ou six années qu'il fut obligé de remplir ces rôles, les plus ingrats qui existent au théâtre; aussi, en changeant d'emploi, on le vit bientôt faire preuve d'un talent que le public était loin de lui soupçonner.

Tant que Defresne (Quinault) fut le double

de Beaubourg, il eut beaucoup à souffrir des rigueurs du parterre, et pourtant l'on sait qu'il devint ensuite l'un de nos plus célèbres comédiens.

Le talent de Pontœuil (Lefranc) ne fut reconnu qu'à la mort de Sallé qui était son chef d'emploi : c'est alors que sa réputation s'accrut rapidement.

Enfin Gémat (Bonneval) fut long-temps mal vu du public, qui ne commença réellement à l'apprécier que lorsque Lathorillière, dont il était le double, se retira du théâtre. Je pourrais citer bien d'autres exemples, peut-être d'un plus grand poids que ceux-ci, pris au hasard, pour démontrer qu'il serait temps que la Comédie-Française *intervînt*, sans pour cela rien changer à ses statuts, en prenant un nouvel arrêté qui, laissant toujours la priorité aux chefs d'emploi, les mettrait pourtant dans l'obligation d'alterner avec leurs doubles (1), seul moyen d'entretenir une noble émulation qui, j'ose le croire, ne pourrait tourner qu'à l'avantage de l'art dramatique.

---

(1) Cette observation est applicable à tous les grands théâtres.

Je ne terminerai point cet ouvrage sans prononcer ouvertement quelle est ma façon de penser sur cette horde de claqueurs qui, chaque soir, siége au milieu du parterre.

La nature est souvent avare de ses dons les plus précieux, cependant il en est beaucoup pour qui elle est prodigue; par exemple, un acteur se trouve-t-il doué de ses faveurs, cela ne le dispense nullement d'avoir recours à l'art : plus la nature a fait pour lui, plus il doit travailler, puisque ce n'est qu'à force d'études que l'on parvient au grand. Aussi nos comédiens les plus célèbres en sentaient-ils tellement la nécessité, que, pour plaire à un public toujours exigeant, et pour lequel ils n'avaient jamais assez fait, ils redoublaient chaque jour de zèle dans l'espoir de continuer à captiver sa bienveillance. C'est de cette manière seulement qu'on fait de véritables talens, et non par le moyen de ces hommes à gages, rebut de la société, que l'on place journellement dans un parterre avec l'ordre exprès d'invectiver, de frapper même celui qui a la maladresse de trouver mauvais ce qui naturellement est mauvais.

Comédiens français, abandonnez, croyez-moi, cette misérable ressource aux théâtres secondaires; là, il n'y a rien à perdre, rien à gagner pour l'art; mais vous, appelés à soutenir l'antique gloire de la Comédie-Française, à y faire époque, à inscrire vos noms dans ses fastes, vous sur qui reposent tant de succès à venir; vous enfin qui devez servir de modèles à ceux qui doivent marcher sur vos traces, abjurez d'aussi vils moyens; laissez au public éclairé, aux journalistes de bonne foi, le soin de vous remettre dans la bonne route, si vous vous en écartez; et chassez surtout de votre âme cette honteuse faiblesse qui vous fait sacrifier à de faux dieux!...

Les diverses observations que je soumets au public ont été tracées dans le seul intérêt de l'art dramatique, et non dans le but, comme quelques personnes pourraient le penser, de m'ériger en critique sur le talent de tel ou tel artiste; c'est dépouillé de tout artifice, de toute passion, que j'ai émis quelques idées sur un art qui offre tant de difficultés, et sur lequel on a déjà tant écrit. Fort de ma sincérité, de ma bonne foi, j'attends avec confiance le jugement que portera sur cet ouvrage tout homme éclairé et impartial qui, j'ose le croire, y reconnaîtra du moins la pureté des intentions qui me l'ont dicté.

On dit communément qu'il n'y a pas de mauvaises causes pour un bon avocat; assertion qui est le plus bel éloge que l'on puisse faire de celui qui professe cet art : cependant on a tort, car j'admets que, par l'effet d'une vive et brillante plaidoierie, il parvienne à influencer les juges (1), certes, cette cause qui, dans le principe, était réellement reconnue mauvaise, quoique gagnée, n'en reste pas moins perdue aux yeux d'un public impartial, qui rarement se laisse prendre aux subtilités, à l'organe, à la chaleur de l'improvisation.

Il en est de même des critiques : on peut tourner en ridicule les choses les plus sacrées, déverser le poison de la calomnie sur les actions les plus héroïques, dénaturer les actes les plus vertueux, dénigrer les hommes d'un mérite supérieur, outrager les hommes bienfaisans, et cela avec assez d'adresse pour avoir

---

(1) De nos jours ces exemples sont rares : la magistrature s'est élevée, par son courage, par son indépendance, et surtout par son intégrité, à une hauteur qui l'a placée au-dessus de toute fausse interprétation.

l'air d'être inspiré par la vérité; mais l'homme incorruptible, exempt de toute passion, appelé à juger, à comparer, à faire la part de chacun, ne tarde pas à découvrir la méchanceté cachée sous le masque de la simplicité et de la bonne foi; c'est alors qu'il s'écrie avec une juste indignation : La critique n'est permise qu'à celui en qui les lumières, le discernement et la probité ne sont altérés par aucun *intérêt personnel*.

C'est bien convaincu de ce noble sentiment, de cette délicatesse que l'on doit apporter dans toutes les actions de sa vie, que j'ai cherché à émettre quelques réflexions sur l'art dramatique. Elles sont le fruit de mes longues observations, des études que j'ai faites, non dans les livres qui ont traité de cet art, mais en suivant constamment le théâtre depuis ma plus tendre jeunesse; c'est dire que j'ai suivi pas à pas l'homme célèbre qui pendant trente-neuf ans honora si dignement la scène française. J'ai cherché à retracer tout ce que j'ai vu, à peindre ce que le talent admirable du plus célèbre interprète de Melpomène m'a si souvent fait éprouver.... Les larmes que je donne en ce moment à son souvenir, à sa perte irréparable, ne sont pas les premières qu'il m'ait fait verser! Celles-ci du moins ne provenaient alors que des émotions vives que son rare talent excitait en moi!.... tandis.... Il n'est donc plus!....

FIN.

www.ingramcontent.com/pod-product-compliance
Lightning Source LLC
LaVergne TN
LVHW022146080426
835511LV00008B/1290